Un día con autismo

Julieta Ax

Título: Un día con autismo

Copyright © 2018 Julieta Ax

Todos los derechos reservados.

Imagen de portada: Laura Marostegan

ISBN: 9781731457981

Para mi querida amiga y psicóloga, Yone, por ayudarme a conocer este planeta.

"Ser empático es ver el mundo con los ojos del otro, y no ver nuestro mundo reflejado en los ojos de él."

—Carl Rogers

"Cualquiera puede mirarte. Pero muy pocas veces encuentras a alguien que ve el mismo mundo que estás viendo tú."

—John Green

"Mira con los ojos de otro, escucha con los ojos de otro y siente con el corazón de otro."

—Alfred Adler

Índice

Prólogo 11
Capítulo 1 13
Capítulo 2 19
Capítulo 3 25
Capítulo 4 29
Capítulo 5 35
Capítulo 6 39
Capítulo 7 43
Capítulo 8 49
Capítulo 9 53
Capítulo10 59
Capítulo 11 63
Capítulo 12 67
Capítulo 13 73
Capítulo 14 79
Capítulo 15 83
Capítulo 16 89
Capítulo 17 93
Capítulo 18 97
Capítulo 19 101
Capítulo 20 107
Epílogo 113

Agradecimientos 115
Sobre la autora 117

Prólogo

¿Qué harías si un día despiertas y te parece que estás en otro planeta?

Isaac y Matilda estaban cansados de sufrir bullying debido a su condición. Así que decidieron inventar una fórmula secreta para provocar autismo en una persona, por un periodo de 24 horas. Lo que ellos no se esperaban, era que la apacible profesora Magdalena sería la elegida.

Capítulo 1

Desperté con el ruido ensordecedor del aire acondicionado. —¿Qué le habrá pasado? —pensé, ya que jamás había sonado tan fuerte así.

Lo apagué rápidamente, pero ya no pude seguir durmiendo, la luz del sol que entraba por la ventana, era más clara de lo normal y era imposible dormir así.

¡Y me sentía tan cansada!

¿Qué me pasa?

Aunque antes quizás no daría mucha atención a algo así, hoy era distinto, no sé porqué, pero me quedé al menos una hora buscando alguna explicación lógica a todo lo que sentía.

—¡¡Y es que no puedo más controlar mi cerebro!! —grité con toda mi angustia.

Con rabia me levanté de mi cama, que siempre fue muy cómoda y que había elegido cuando compré ese hermoso departamento en el quinto piso en pleno centro de Santiago. Es pequeño, solo tiene un dormitorio, living y cocina juntos y un baño. Pero en aquel momento me pareció perfecto. Y es que soy soltera y trabajo como profesora. Para mis necesidades ese lugar es perfecto.

Lo de vivir en el centro de una capital me parecía algo genial y cómodo, pero hoy no me entra en la cabeza como me pudo gustar algo así. Casi ni ha amanecido y al abrir mi ventana veo que un sinfín de ruidos invaden mi departamento.

Tantos años viviendo aquí y solo hoy me vengo a percatar de tamaña incomodidad.

Me decido por ducharme, para aliviar un poco toda esa tensión.

Me preparo para duchar, abro la llave y me meto al agua de una vez, como siempre lo hice. Pero se nota que hoy no será un día igual a todos los otros. Al instante que el agua cae en mi cabeza siento como si estuviera bajo las cataratas del Iguazú. El ruido es tan fuerte que inmediatamente salgo de abajo del agua. Todo me parece raro y molestoso.

Abro el shampoo para lavarme el cabello, pero — ¿desde cuándo elegí un olor tan fuerte e insoportable?

Cierro la tapa antes de tener náuseas. En este punto mi cabeza ya empieza a doler.

Al mismo tiempo que intento lavarme con un jabón que el aroma tampoco me agrada más como antes, mi cerebro se fija en detalles de mi baño que yo nunca me había fijado. Como, por ejemplo, en uno de los dibujos estampados en la cortina del baño. Nunca antes había visto, que entre las flores algunas tenían un tamaño diferente y otro color.

Pero nada fue tan terrible como vestirme. Definitivamente algo raro pasaba. La tela de la ropa me era insoportable y ni decir del color amarillo. Tuve que tirar a la basura porque me produjo un estrés más grande de lo normal.

Por eso perdí media hora más en decidir qué ropa llevar y cuando miré el reloj ya estaba cinco minutos atrasada para llegar al colegio, aunque me desperté más temprano de lo normal.

Ya no tenía tiempo para desayunar, así que me apuré para salir lo más pronto posible.

Quizás al salir de allí todo volvería a la normalidad.

Capítulo 2

El laboratorio

Isaac y Matilda eran dos alumnos autistas (tenían un grado de autismo más conocido como síndrome de asperger, un trastorno del espectro autista) del colegio Pablo Neruda, en Santiago de Chile.

Los dos habían sufrido bullying desde pequeños y este año, ambos con 16 años de edad, se unieron para de algún modo vengarse o al menos mostrar a estos tan malos alumnos qué es lo que sufrían. No querían que sufrieran, solo que dejaran de causar daño a los demás.

El colegio tenía un muy buen laboratorio de biología y química y allí fue donde se les ocurrió una idea brillante y un proyecto perfecto para lograr su objetivo.

La idea era inventar un jarabe que afectara el hipotálamo y causara por un día los efectos lo más parecidos posibles a lo que sentían las personas con autismo. O sea, quien fuera que tomara este líquido, tendría un día completo con autismo.

No era tarea tan fácil ya que los estudios sobre el autismo aún están en curso y no se sabe tanto cuánto ellos quisieran.

Todo sería con intentos y fallas, y para todo esto necesitarían la ayuda de alguien más, alguien que los quisiera lo suficiente como para probar el invento muchas veces hasta quedar perfecto. Alguien que se arriesgara por ellos.

El problema fundamental era encontrar esa persona. Ni sus amigos ni sus padres estarían dispuestos a hacer algo así, porque todo sería ilegal y ni los profesores, ni el colegio, podrían saber la verdad.

Después de pensar mucho tuvieron una idea genial. En Internet había muchos sitios de madres de autistas, personas que estarían dispuestas a todo por sus pequeños.

Isaac y Matilda crearon un blog sobre autismo para atraer a esas mujeres y luego aislaron a sus posibles candidatas. Primero tenían que ser chilenas y segundo debieran estar seguras de que no tenían autismo.

Cuando tenían una lista bastante larga empezaron a mandar correos con la imposible propuesta.

Y ahora solo tenían que esperar, mientras seguían investigando y pasando horas y horas en el laboratorio.

Ya era noviembre y ninguna madre les había contestado nada.

Quizás ellos estaban en su mundo, muy lejano a la realidad, y nada que pensaban hacer resultaría.

El último viernes tenían una fórmula que les parecía perfecta. Juntaron todo, tenían el tan esperado líquido en un tubo de ensayo. Y en aquel exacto momento que iban a celebrar —aunque sin un cobayo de nada serviría su trabajo— entra en el laboratorio una profesora, que enseñaba a niños de cuarto básico, y con el susto y el tubo de ensayo en la mano, Matilda no ve otra salida que meter todo el contenido en la botella de agua que llevaba en la mano.

¡¡Noooo!! ¡Todo estaría perdido!

La maestra, que se llamaba Magdalena Mejías y era una pelirroja de 35 años, con ojos azules y pecas por toda la cara, los miró asustada porque no sabía que había alguien ahí, y les preguntó qué estaban haciendo allí.

Como ninguno de los dos eran buenos en mentir, la primera reacción fue quedar callados. Hasta que Isaac dijo que estaban estudiando. Pero los dos alumnos no dejaban de mirar a la botella en las manos de Matilda, como si hubieran visto un monstruo. Eso levantó muchas sospechas en Magdalena, lo que obviamente la hizo preguntar qué tenía de rara la botella o qué había dentro de esta.

Los dos asustados dijeron que era solamente agua. Y fue ahí cuando la profesora agarró la botella y dijo: —Bueno, entonces dame para probar, ya que tengo sed.

Los jóvenes se quedaron petrificados y no dijeron nada. Todo pasaba en cámara lenta y a la vez rápido.

Poco a poco, casi un año de experimentos iba entrando en el estómago de esa maestra que ellos apenas conocían. ¿Qué pasaría después? ¿Y si la mataban sin querer?

Estaban muy asustados. Salieron corriendo de allí sin dar explicaciones ni decir una palabra. Habían jugado con algo serio y ya era demasiado tarde.

En sus casas los dos pensaban una y otra vez: —¿Qué pasará mañana?

Capítulo 3

De camino al colegio

El colegio donde yo trabajo está a tan solo cinco cuadras de donde vivo, así que siempre me voy caminando.

Al salir a la calle, Don Mario, que vende periódicos en un quiosco de la esquina, me hace un ademán y me guiña el ojo. No sé qué me pasa, pero no entiendo lo que me quiso decir con esto, así que solo finjo que no lo veo y sigo caminando.

—Quizás solo necesito tomar un café y todo estará mejor —pensé.

Ya era las 9:30 y mi primera clase era a las 9:45. Tenía 15 minutos para llegar, pero las cuadras parecían interminables.

Mis ojos se fijaban en todos los detalles de las tiendas, cosa que nunca hago.

Leía cada cartel con los precios de todos los productos en oferta. Me fijaba en matrículas de autos y en mi mente repetía esos datos que no tenían ningún sentido, y menos ahora que iba atrasada.

De repente, una mujer se acerca a preguntarme dónde estaba el Cerro Santa Lucía. Le empecé a explicar y ella no entendió nada. Parecía que yo estaba hablando muy bajo. Y al final más encima me preguntó si yo era extranjera.

Pensé: —¿Qué pasa con mi voz?

Bueno, creo que este día de verdad está raro.

Cuando estoy frente al colegio, y veo tantos alumnos, me entran ganas de volver a mi departamento. Lo que menos quiero es estar en medio de toda esa gente. Pero mi sentido de responsabilidad es más grande que mi incomodidad, así que respiro hondo, fijo mi vista en el suelo para no mirar a nadie, y entro.

Capítulo 4

Matilda e Isaac llegaron muy temprano al colegio. Tenían mucho miedo de lo que podría pasar con Magdalena.

Los dos jóvenes estuvieron casi toda la noche despiertos mandando mensajes el uno para el otro con diferentes hipótesis de lo que podría suceder.

Ese día no tenían hambre para desayunar y se fueron lo más temprano posible al colegio.

Fueron los primeros en llegar y se sentaron en la escalera que está a la entrada del colegio, juntos, dividiendo sus miedos y temores.

Por un lado, creían que al final no eran tan buenos como pensaban y que quizás su misterioso líquido no haría más que provocar un malestar estomacal en la profesora.

Y, por otro lado, estaban muy seguros de su fórmula después de tantas pruebas y estudios que habían realizado para llegar al resultado final tan esperado.

Así que, con tantas dudas en su cerebro, ya les dolía la cabeza a los dos y estaban a punto de irse de vuelta a casa, pero era obvio que ninguno de los dos lo haría, porque la curiosidad era también parte de ellos y se morían de preocupación por Magdalena y el posible daño que le habían hecho.

Y fue después de mucho tiempo, cuando muchos alumnos ya habían llegado, incluyendo dos de los alumnos que les molestaban, y que para su sorpresa hoy no les dijeron nada ya que encontraron una persona más para humillar, que vieron desde lejos caminando con pasos rápidos pero inseguros, Magdalena.

Matilda e Isaac se pararon al mismo tiempo sin saber qué hacer. No sabían si se escondían o si la iban a saludar y preguntar cómo estaba.

Decidieron esconderse en medio de la multitud de alumnos y observarla. ¡Al menos ella estaba viva! Y no parecía enferma. Eso ya les alivió su preocupado cerebro.

Pero cuando la vieron subir las escaleras con su mirada perdida en el suelo, sin saludar a nadie, entonces no tenían ninguna duda.

¡Sí! ¡Su experimento había resultado!

Se miraron directamente a los ojos y con esta mirada se dijeron todo.

Estaban muy felices por lograr lo que buscaban, pero muy asustados por lo mismo.

Las clases ya iban empezar y ellos no la iban a volver a ver hasta el recreo.

Esta espera sería eterna.

Capítulo 5

Entro en el colegio mirando el suelo para no ver a nadie, pero algunos alumnos me tocan, y me hacen sentir tan mal, que sin querer los miro muy feo. Y es que siento como si sus manos fueran ásperas, como si un puerco espín me tocara.

Nunca antes eso me molestó, pero hoy sí.

Intento caminar sin que nadie me toque, pero luego ya va empezar las clases y por lo mismo todos corren.

Me empiezo a marear con tanta gente y ruido.

Me voy directo a mi aula, sin pasar por la sala de profesores, porque no quiero ver a nadie.
Luego me acuerdo de que al menos tengo que tomar un café, así que entro rápido sin mirar ni saludar a nadie, agarro mi café y salgo.

Cuando estoy caminando con mi café e intento tomarlo, me asusto por dos razones: primero, el café es más caliente de lo normal y me quema mi lengua; y segundo, el sabor es super amargo y no me gusta para nada.

—Aquí pasa algo muy raro —pienso.

Paso por el baño antes de ir al aula, tiro todo el café en el lavamanos y lavo mi cara intentando tranquilizarme.

Mi cerebro repite todo lo que tengo que hacer como si fuera una agenda, donde escribo paso a paso todo lo que vendrá este día. Es automático, pero soy consciente de esto y me fastidia.

Cuando levanto la vista y miro fijamente mis ojos en el espejo, me parece que retrocedí más de 20 años en el tiempo, porque allí está la misma mirada de una niña que olvidé haber sido algún día.

—¿Qué me pasó? ¿Por qué ella volvió?

Capítulo 6

Isaac este año se sentaba junto a Matilda, solo soportaba su presencia tan cerca de él.

Ya estaban sentados, esperando el profesor de física. A ambos le encantaba la física, pero tenían miedo y estaban muy inquietos.

A Isaac se le notaba mucho su ansiedad. Cuando estaba inquieto empezaba a hacer sonar sus dedos de ambas manos una y otra vez, y se movía hacia adelante y hacia atrás balanceándose lentamente. Esto le molestaba mucho a Matilda, ya que ella no hacía nada por el estilo, solamente se aguantaba la desesperación en silencio, sin moverse, tratando de parecer lo más normal posible, como siempre solía hacer.

Antonio se sentaba atrás de ellos y con una voz de burla empezó a preguntar a Isaac qué le pasaba y porque era tan raro.

Matilda tomó las manos de Isaac entre las de ella y mirando a sus ojos le repitió dos veces que estuviera tranquilo. Isaac se sorprendió de que lo tocara así, pero no se sintió mal, sino que poco a poco se fue tranquilizando.

Responder a esos comentarios del bullying que sufrían, no servía de nada, ya lo habían intentado y sabían que era mucho peor.

Dentro de sí, Matilda pensó que sí o sí seguiría con la idea del laboratorio, aunque la maestra Magdalena tuviera que sufrir. Un día de sufrimiento no era nada en comparación con lo que ellos pasaban cada día.
—¡Sea lo que sea que esté pasando con Magdalena, seguiremos con nuestros planes! —le dijo a Isaac, mientras la clase ya empezaba.

Capítulo 7

Magdalena salió del baño obligándose a ir al aula. Antes de entrar, miró por la ventana la cantidad de alumnos que había adentro. Eran 30, pero hoy parecían 100.

Le gustaba ser profesora, estaba feliz con este trabajo, pero hoy no era para nada un día feliz y estar en medio de tantos niños pondría a prueba su paciencia.

Al entrar, de algún modo se sintió más segura que afuera, aunque no le gustó los abrazos que recibió de algunas niñas, se sintió más aliviada entre niños que entre adultos. Era como si entre los niños ella pudiese ser ella misma y no preocuparse tanto de fingir hacer todo correctamente como se espera de una maestra de su edad.

Después de saludarlos y hacerlos sentar, tuvo una idea de proponerles una clase distinta este día. Hicieron un círculo con las sillas y uno por uno tendría que hablar sobre su animal favorito y contestar también preguntas que los otros hicieran sobre el animal elegido.

Era una buena idea, porque así no tendría que pensar tanto y se sentiría más tranquila.

Pero no sabía ella lo que le iba a pasar...

Antes de todos, ella empezó hablando de su animal favorito, que era el elefante, pero simplemente no pudo más detenerse. Estuvo toda la clase hablando sobre el elefante. Y cada vez que un alumno la interrumpía tratando de decir que ahora les tocaba a ellos hablar y que ya estaban aburridos de elefantes, ella les hacía callar.

Hasta el extremo de que algunos empezaron a llorar.

En lugar de ver lo que pasaba, ella tenía más ideas con elefantes. Les pidió que como tarea dibujaran elefantes y que cada uno hiciera en la próxima clase una exposición sobre los elefantes.

Cuando algunos le dijeron que querían poder hablar de sus animales favoritos, ella contestaba que el animal favorito de todos debiera de ser el elefante.

El timbre del recreo sonó tan fuerte que ella se asustó. Pero la peor cosa para Magdalena fue no poder seguir contándoles tantas otras cosas interesantes que ella sabía sobre los elefantes.

Todos los alumnos salieron corriendo del aula.

Allí con el aula vacía y el silencio que surgió, se empezó a cuestionar la vida y todo. Parecía que nada tenía sentido. Parecía que ella no lo estaba haciendo bien. —¿Seré una buena maestra? —pensó.

Toda la alegría de hablar sobre elefantes se desapareció y una tristeza infinita abrigó su corazón.

Un montón de pensamientos negativos venían y ella no lograba dejar de pensar.

Quería salir corriendo a su casa y nunca más volver. Quería huir a una isla desierta.

Su estómago empezó a doler y se vio obligada a salir del aula para buscar algo de comida. No lloraba, pero era lo único que quería hacer.

Capítulo 8

Cuando sonó el timbre del recreo, Isaac y Matilda salieron del aula lo más rápido posible. Tenían que encontrar a Magdalena y ver qué le pasaba.

Sus alumnos ya estaban en el patio, pero ella no.

Quizás estaba en la sala de los profesores.

Miraron desde la ventana, pero no la vieron en ningún lugar.

Y fue ahí cuando se dieron cuenta que ella aún estaba en el aula. La observaron sin que ella los viera. Estaba sentada y muy triste.

Matilda le dijo a Isaac: —Pues claro, si tener autismo desde pequeños ya fue difícil, acostumbrarse de una hora para la otra quizás es mucho peor.

¡Sí! Se sentían muy mal por haberle causado esto.

Pero tenían miedo de acercarse a ella y contarle la verdad. Había mucho en juego.

Era solo un día, y luego todo iba a estar bien.

Entonces Magdalena se paró y salió del aula. Iba directamente al kiosco de la escuela a comprar algo para comer.

Los muchachos la siguieron todo el tiempo.

Lo único que ella compró fue un paquete de galletas de soda y un agua con gas. Casi no miraba a nadie a la cara. Luego se sentó en un rincón sola, empezó a comer las galletas, y después de tomar un poco de agua, se asustó, posiblemente con el sabor del agua, y volvió al aula más triste que antes.

En el aula cerró la puerta y se acostó en el suelo. Parecía muerta de sueño.

Isaac estuvo a punto de abrir la puerta y contar todo para ella, pero Matilda no le permitió.

Después de un rato sonó el timbre y tuvieron que volver a su aula.

Capítulo 9

Magdalena había salido al patio por algo de comer, pero se llevó una gran sorpresa cuando fue a tomar agua con gas, algo que siempre tomaba, y sabía a algo tan amargo que fue imposible tomar.

Cansada del colegio, de tantos ruidos, y de estar todo el tiempo fijándose en los detalles de las cosas, decidió volver al aula e intentar descansar un rato.

Entró y sin pensar mucho, se acostó en el piso. Cerró los ojos, pero era imposible dormir. Su cerebro no dejaba de pensar. Lo que le estaba pasando le parecía un rompecabezas y solo iba a descansar cuando armara todas las piezas.

Y entonces sonó el timbre, que lógicamente la asustó, y su sentido de obligación la hizo pararse para seguir enseñando.

Pero al pararse, se enredó el pie con los cordones de su zapato, lo que la hizo caer torpemente al piso.

Seguía actuando raro y cada vez había algo nuevo y peor.

Se levantó e intentó apoyarse en una silla para atar su zapato... ¡imposible! Lo que le tardaba 3 segundos para hacer, ahora le llevó casi medio minuto. Y tampoco es que el nudo quedó perfecto.

La puerta se abrió y los alumnos ya estaban entrando en el aula, mientras ella intentaba arreglar un poco su cabello y fingir estar bien.

Un alumno le quedó mirando fijamente y le dijo: —¿Qué te pasa profe que usted <u>está pa'l gato</u>*?

—¿¿Qué??, a mí no me gustan los gatos, no tengo gato o algo así. ¿¿Qué quieres decir?? (Estoy pa'l gato... y ahora, ¿qué significará esto?)

—¿¿Qué te pasa profe?? —repitió el niño.

De repente Magdalena sintió que hablaban otro idioma. No iba poder seguir ahí, no ese día, no con ese cerebro.

Dejó su alumna favorita cuidando el aula, pidió perdón a todos y dijo que no se sentía bien y tenía que irse, y alguien vendría para reemplazarla.

Agarró sus cosas, y salió.

En el pasillo sacó su celular y buscó en Google 'estar pal gato significado' ...

* estar pa'l gato = expresión usada en Chile, Bolivia y Perú, que significa 'estar en malas condiciones', 'estar débil o enfermo'.

—Gato... ¿qué tiene que ver? —pensó, mientras se fue directamente a la sala de los profesores.

Capítulo 10

Isaac estaba tan angustiado que no podía concentrarse en su clase. Ya le era difícil la concentración y hoy era mucho más difícil.

Le dijo a la profesora si podía ir al baño, y al salir se fue directamente a buscar a Magdalena.

Para su sorpresa, ella no estaba en su aula. Eso le hizo sentirse peor.

Por su cabeza pasaban miles de ideas terribles de cosas que podrían haberle pasado.

Entonces la vio saliendo de la sala de los profesores. Estaba muy curioso. La siguió.

Ella estaba saliendo del colegio y de repente se detuvo, y volvió. Isaac se escondió rápidamente.

Magdalena se fue directo a la biblioteca. Isaac estaba intrigado con lo que pasaba. Su profesora ya estaría encontrando raro que él tardara tanto en el baño, pero él se sentía obligado a seguir a Magdalena. Así que sin que nadie lo viera, entró en la biblioteca y se escondió detrás de una estante de libros.

Del otro lado, sentada de espaldas para él, estaba Magdalena; parecía confusa de estar allí.

Él vio que ella prendió un computador, entró en Google y escribió varias cosas que él no alcanzó a leer.

Y abrió una página, que él sí alcanzó a leer. Al menos el título arriba, que estaba escrito con letras rojas, más grandes.

—¡No! ¡No era posible! —pensó Isaac.

Con el susto se tropezó y cayó justo a los pies de Magdalena.

Ella lo miró asustada. Lo ayudó a pararse. Y cuando él ya se iba rápido de allí, ella le gritó que regresara.

Él fingió no escucharla, y se fue corriendo lo más rápido posible.

Tenía muchas cosas para contar a Matilda. Tenían que inventar un plan, algo fácil, para resolver este problema.

Capítulo 11

Estaba a punto de salir de la escuela, cuando tuve que detenerme a escuchar mi cerebro, que no dejaba de repetirme todas las cosas raras que me pasaban hoy.

Entonces se me ocurrió que podía estar realmente enferma o algo así, y decidí ir a la biblioteca y entrar en internet a ver si encontraba alguna explicación lógica.

Me senté frente a un computador y pensé un poco cuales eran mis 'síntomas'. Luego los puse en Google, y para mi sorpresa, vi escrito las palabras 'autismo', 'asperger', 'TEA'.

Yo conocía muy bien esas palabras, ya que, como profesores, algunas veces nos toca enseñar a algún alumno con esta condición, y siempre trato de leer y aprender a respeto para saber cómo ayudarlos o tratarlos.

Pero yo sabía también que antes, esos no eran mis síntomas y que el autismo es algo que uno nace así, no es una enfermedad o algo que uno pudiera agarrar a mi edad.

Entré en una de las páginas y empecé a mirar, y claro, me sentí identificada con todo. Pero estaba segura que ayer no me sentía así. Empecé a pensar si algo raro me pasó de ayer para hoy.

Fue entonces cuando de la nada veo un joven que se cae justo cerca de mis pies. Me asusté mucho porque pensé que la biblioteca estaba vacía.

Le ayudé a pararse, y él se veía muy asustado también.

Mientras salía corriendo de allí, en mi mente vinieron imágenes del día anterior. ¡Sí! Era ese mismo chico que estaba ayer en el laboratorio. ¡Quizás algo pasó allí y él me podía ayudar!

Le llamé muy fuerte, pero al parecer él no me escuchó, o fingió no hacerlo.

Entonces empecé a pensar en lo que había pasado en el laboratorio, en cada detalle, pero no me acordaba de nada significativo.

Me paré para ir allí de nuevo. Quizás encontraría alguna respuesta.

Capítulo 12

Isaac llegó al aula con una cara tan desesperada, que su profesora le dijo que ahora entendía porque él tardó tanto, seguro porque se sentía muy mal, porque tenía cara de estar realmente mal.

Él se aprovechó de esta idea y le dijo que se sentía mal y quería saber si Matilda lo podía acompañar a la enfermería un rato para ayudarlo.

Matilda no entendía nada, pero se paró y se fue. La profesora sorprendida con el pedido, solo dijo que sí.

Los dos salieron rápido, antes de que la profesora cambiara de opinión.

Un poco alejados del aula, se detuvieron a conversar. Isaac le contó todo y Matilda se puso más preocupada que él.

También se les ocurrió que quizás pudieron haber olvidado algo en el laboratorio y que Magdalena podía decidir ir allí y entonces ellos estarían en serios problemas, ya que, al parecer, ella era más lista de lo que ellos imaginaron.

Así que los dos se fueron rápidamente al laboratorio.

Cuando llegaron, miraron discretamente por la ventana para ver si había alguien adentro.

Isaac y Matilda se llevaron las manos a la boca al mismo tiempo, tratando de atajar el grito que quería salir.

Al mirar por la ventana, vieron la maestra Magdalena sentada, sosteniendo en sus manos el tesoro más preciado de Isaac y Matilda: ¡su cuaderno de investigación! Fue en este cuaderno que escribieron todo acerca de la idea que tenían y los experimentos que llegaron a hacer. También, allí estaban escritas todas las razones de por qué querían hacer esto.

—¡¡No era posible haber olvidado este cuaderno!! —pensaron los dos al mismo tiempo.

Pero era posible y estaba ocurriendo de verdad.

No se movieron, querían ver la cara de Magdalena cuando supiera lo que le estaba sucediendo.

Y su sorpresa fue inmensa cuando Magdalena empezó a llorar. Y no era solo lágrimas. Se veía la angustia en la que estaba inmersa al leer. Era como si ella misma pudiera entenderlos, entender la razón que los llevó a hacer algo tan extremo.

¿Qué harían entonces?

¿Se quedarían mirándola, o entrarían al laboratorio?

Capítulo 13

Yo entré al laboratorio buscando respuestas, ¡pues las encontré!

Me acordé del día anterior, los dos jóvenes con caras asustadas al verme. Algo estaban haciendo.

Después la chica me dijo que el líquido en la botella era solo agua, y lo bebí. Pensándolo mejor, el agua sabía un poco rara.

Miro por todo el laboratorio buscando pistas. Y me canso, porque no hay nada.

Así que me siento y entonces sin querer encuentro un cuaderno, bajo la mesa.

A principio no creía que iba encontrar nada importante. Pero por curiosidad, empecé a leer, y lo que leí, me sirvió para encontrar todas las explicaciones que buscaba.

Cuando vi la palabra autismo, en letras grandes y tinta roja, me asusté. ¿De verdad tendría que ver con lo que me pasaba?

A medida que leía, me sentía tan identificada, era como si pudiera entenderlos. (Y lo digo en plural, porque el cuaderno tenía dos nombres: Isaac y Matilda)

¡Seguramente era de los jóvenes que vi el día anterior!

Bullying... la terrible palabra que como profesora yo sabía que muchos llevaban escondida dentro de sí. Como maestros, no es tan fácil como muchos creen, lidiar con esto, o ayudar a los que lo sufren. Casi siempre ocurre fuera de nuestra vista y nadie tiene el valor de buscar ayuda.

Cuando terminé de leer todo el cuaderno, lloraba, tanto por el sufrimiento de ellos, como por la emoción de pensar que dos jóvenes habían logrado el resultado que querían, con un experimento tan peligroso.

Tuve miedo, obvio, yo era el cobayo allí. Sabía que los componentes del experimento no eran peligrosos. Bueno, al menos yo seguía viva. Pero si todo saliera bien, mañana yo volvería a ser la misma de siempre.

Oh... eso me angustió más. ¿Quería dejar de ser quien yo era hoy?

Les puede sonar incoherente, pero la verdad es que no quería volver a ser quien era. O sea, en muchos sentidos sí, pero en muchos no.

No quería olvidar lo que sentí al leer el cuaderno. No quería abandonar a esos jóvenes en su dolor.

Pensé que, si mañana todo fuera distinto, tendría que actuar hoy. Tendría que hacer algo por ellos. Mostrarles que este no era el camino, tenía que existir otra solución para ayudar a que las personas les comprendieran más y no les hicieran sufrir.

Agarré un lápiz que estaba en la mesa, y me decidí a no perder el tiempo buscando a esos jóvenes para hablarles, sentía que el lenguaje escrito les llegaría mejor. Aparte, seguramente ellos estarían con mucho miedo de mí y no sería fácil encontrarlos.

—¡Les escribiré en su mismo cuaderno! —pensé, mucho más aliviada.

Capítulo 14

Isaac y Matilda estaban mirando como Magdalena lloraba y ya no soportaban más, así que se fueron, salieron de allí y se sentían tan mal que no podían pensar bien ni saber qué era lo correcto a hacer.

Si lo que hicieron fue tan malo entonces las consecuencias serían malas también.

Ellos siempre fueron buenos alumnos, los profesores nunca tuvieron que llamar a sus padres por problemas. Aunque a veces los llamaban por preocuparse con ellos y con las dificultades sociales que tenían. Pero nada de malo o nada que fuera su culpa.

Y ahora estaban allí casi al punto de ser expulsados del colegio o de que se fueran a prisión. Porque pensándolo mejor, lo que hicieron fue muy grave.

Todo eso les abrumaba y casi se veía el humo saliendo de sus cerebros.

Decidieron irse a casa. Se sentían mal de verdad. Fueron al aula a buscar sus cosas y pedir permiso para irse, porque no estaban bien. Como eran tan buenos alumnos, les dejaron salir, aunque sin entender por qué de repente Isaac le contagió el malestar a Matilda.

Al salir pensaron qué excusa darían a sus padres, pero no necesitaban una, porque de verdad se veían enfermos.

Lo único que querían hacer era acostarse y dormir hasta el otro día y que toda esta pesadilla se acabara.

Capítulo 15

Antes de escribir tenía que tener las ideas bien claras.

Decidí ir a mi departamento. Necesitaba estar realmente sola para ordenar mi mente y sentirme mejor.

El camino de vuelta a mi hogar fue igual de difícil, pero al menos ahora entendía la razón.

Me concentré en llegar luego y así fui más rápido.

Me arrepentí de no tener audífonos en mi cartera, hubiera sido mucho más fácil si el único sonido fuera mi música, en lugar de tantos ruidos molestos que hay por la ciudad.

Entré en mi departamento, cerré la puerta y me tiré en la cama. ¡¡Uff!! Nunca había sentido un alivio tan grande en hacer eso.

Aunque no había tanto silencio, al menos solo estaba yo y mi departamento vacío, y eso me daba una paz muy grande.

Creo que dormí media hora y desperté aún cansada.

Me levanté porque tenía que aprovechar mientras tenía autismo. No sabía hasta cuando estaría así.

Agarré el cuaderno, pero antes me hice un té, necesitaba tomar algo.

Me senté en mi cama con las piernas cruzadas, me sentía más joven de lo que era. Tenía el cuaderno en la mano y empecé a pensar en todo, entonces por fin me puse a escribir.

Terminé de escribir y me paré a mirar por la ventana. ¡Todo se veía tan distinto!

¿Volvería a ser la misma de hoy? ¿Mañana todo cambiaría?

Recibí unos tres mensajes de amigos del colegio preocupados por mí. No quise contestarles nada.

Decidí que esto sería un secreto. No quería perjudicar a estos alumnos que ya habían sufrido tanto.

Tendría que ver qué pasaría mañana.

Aún era temprano para dormir.

Me senté frente a la televisión, busqué en YouTube muchos vídeos sobre autismo, asperger, y todo relacionado con el tema. ¡Tenía que aprender más!

Fue increíble comprender este nuevo planeta, que nunca conocí de esta manera tan cercana.

De repente me di cuenta lo obsesionada que me ponía con el tema. No pude dejar de mirar esos videos hasta las once de la noche. Recién ahí me di cuenta de que no había comido nada.

Abrí la heladera y saqué un poco de queso para hacer un sándwich. Era lo único que tenía ganas de comer.

Me hice un sándwich caliente y lo comí frente a la televisión.

Por fin me fui a dormir muy tarde. Estaba cansada y mi cerebro no dejaba de pensar. Pero al final me quedé dormida.

Capítulo 16

Matilda e Isaac estaban muy ansiosos aquella mañana. No sabían qué pasaría y tenían miedo de ir al colegio.

Pero tampoco podían no ir, porque la curiosidad los mataría.

Así que ya al despertar se mandaban mensajes para que se juntaran a una cuadra del colegio, y así, pensar bien en cómo entrar, y juntos poder saber qué había pasado con Magdalena.

Cuando se vieron, se miraron y la mirada decía todo. Ellos se entendían así, aun cuando normalmente no comprendían las miradas de los demás.

Isaac rodeó sus brazos en Matilda, en un intento de abrazo casi a distancia. Le dijo casi inaudible: —también tengo miedo.

Ella no dijo nada, solo se dejó tranquilizar un poco por su amigo.

Entonces decidieron esperar afuera del colegio un poco escondidos a cierta distancia, hasta que llegara Magdalena.

El tiempo parecía arrastrarse y la ansiedad y desesperación los dominaba por completo.

Fue entonces cuando se llevaron un inmenso susto, pues Magdalena apareció justo detrás de ellos. Porque ella también los estaba esperando.

Capítulo 17

Hoy desperté muy temprano, de repente una paz tan grande me rodeaba.

Al instante pensé si el ayer había sucedido o era solamente un sueño.

Pero al lado de mi cama estaba aquel cuaderno. Me senté a leerlo de principio a fin.

¡Sí! No era ningún sueño. Había sucedido. Estaba sucediendo.

Pero no tenía ninguna duda: yo ya no tenía autismo.

Fue rara la sensación, sentía algo entre añoranza y alegría. Disfrutaba la paz en mi cerebro, también el hecho de que todo a mi alrededor volviera a ser como antes, sin ruidos molestos, tanto afuera como adentro, porque ahora volvía a poder controlar mejor mis pensamientos.

Pero extrañaba una parte de mí. Quizás aquella parte que era una niña. Niña que me había vuelto a abandonar.

Pero nunca más yo volvería a ser la misma de antes. Sería alguien mejor. Estaba decidida a ello.

Imaginé que aquellos jóvenes estarían desesperados o muy ansiosos con todo esto. Pude tenerles empatía y eso era magnífico.

Por eso me arreglé rápido para llegar antes que ellos al colegio. Si les entregaba el cuaderno afuera, quizás les ahorraría la molestia de no saber qué esperar de mí.

Cuando estaba ya cerca del colegio, los vi juntos, esperando a alguna distancia, un poco escondidos quizás. Me partió el corazón. Era como si pudiera sentir todo su desesperación y miedos en mí.

Así que me fui lentamente por detrás de ellos sin que me vieran llegar. No quería asustarlos y que huyeran de allí.

Capítulo 18

Isaac y Matilda casi se mueren del corazón. El susto fue tanto que se quedaron inmóviles. Se dieron las manos tan fuerte, que, sin querer, Matilda clavaba sus uñas en los dedos de Isaac. Mientras él por otra parte, apretaba más de lo normal, sus manos tan débiles.

No dijeron una sola palabra. Sus ojos muy abiertos gritaban por si solos.

Magdalena les dijo suavemente: —Tranquilos, tranquilos, todo está bien.

Los miraba con tanta bondad que fue imposible no creer en ella.

Muy lentamente ella acercó sus manos, mientras repetía que estuvieran tranquilos y que todo ya había pasado. Les envolvió en un abrazo. Y lloró. Porque podía entender cómo les latía el corazón. Se acordaba de sus propios sentimientos y les entendía perfectamente.

Ellos seguían mudos, seguían sin entender todo aquello. Pero un alivio les empezaba a correr por sus venas. Por sus neuronas. Por todo su ser.

No tenían dudas de que Magdalena ya no tenía autismo. Y no tenían dudas de que ella los podía entender. Lo que habían inventado funcionaba de verdad. Estaban orgullosos por eso, y a la vez incómodos y arrepentidos por haber hecho mal a alguien.

Y Magdalena lo sabía. Así que les dijo que le gustaría que la acompañaran a un parque cercano para sentar un rato a conversar con más tranquilidad. Y volvió a decir que no tenían que preocuparse, todo estaría bien. Y que ella no estaba molesta con ellos ni enojada.

Por fin sus manos se soltaron y pudieron respirar normalmente.

Asintieron con la cabeza y la siguieron.

Una pequeña línea con forma de sonrisa se empezó a dibujar en aquellos dos jóvenes rostros.

Capítulo 19

Estaba muy emocionada mientras los llevaba a un parque a una cuadra del colegio. Sabía que sería mucho mejor si estuviéramos sentados y tranquilos.

Al caminar les volvía a mirar con mi mejor sonrisa y repetir que estuvieran tranquilos. Parecería sin sentido para otros, pero para ellos esta seguridad en este momento era muy importante.

El tono de la voz y las palabras, son algo muy importante para alguien con autismo. Una sola palabra les puede tranquilizar totalmente o causarles muchísimo daño.

Primero me senté, y después les dije que se sentaran, para que pudieran quedar en la distancia más cómoda para ellos.

Empecé pidiéndoles perdón por mi ignorancia y falta de empatía anterior. Por no haber sido tan buena profesora como para ver lo que pasaban tantos otros alumnos con autismo. Por nunca haberlos visto de verdad. Porque, aunque no eran mis alumnos, estábamos cada día allí bajo un mismo techo.

Les dije que fueron muy valientes todo este tiempo y que eran muy inteligentes también, al lograr un experimento tan complejo.

Tenían un problema y buscaron una solución. Es cierto que quizás no se pusieron a calcular todos los problemas o angustias que les causaría el experimento, pero eran dignos de encomio por su valentía.

Entonces saqué el cuaderno. Sabía que las palabras escritas les llega más que las habladas. Todo que quería decirles estaba escrito allí.

Les dije que tomaran su tiempo. Que yo hablaría con el director para que les dejara entrar más tarde. Que leyeran con calma todo y tantas veces como necesitaran.

—Nunca se olviden que los quiero mucho y los entiendo. Gracias por darme la oportunidad de entrar en su mundo —fue lo que les dije antes de irme a trabajar.

Me sentía feliz y tranquila. Como hacía mucho tiempo no me sentía. Ayudar a alguien a sentirse bien, no tiene precio.

Todo sería diferente de este día en adelante. ¡Era solo un comienzo!

Capítulo 20

Matilda le arrancó el cuaderno de la mano de Isaac y lo abrió exactamente en la parte que les interesaba: el final.

Ahí decía:

Queridos Isaac y Matilda,

¡Gracias por el regalo! En serio, no es una broma. En este momento me siento muy agradecida y feliz.

A principio no estaba entendiendo nada de lo que me pasaba. Pero entonces encontré este cuaderno, y todo lo que ustedes habían escrito llegó profundamente dentro de mí.

Pude sentir por un día, lo que ustedes sienten diariamente, así que envidio su fuerza y valentía, porque no es fácil, pero no se han rendido.

Aquí les escribo todo lo que sentí hoy, para que sea parte de su investigación: (...)

(...)He estado viviendo con los ojos cerrados, a este planeta, al planeta de ustedes y de todos los autistas. No hice de mi parte para disminuir su sufrimiento y por ello les pido perdón.

Por otro lado, como ahora pudieron ver, la solución que encontraron tiene una gran falla, y es que en el fondo ustedes son demasiado buenos como para querer causar algún sufrimiento a alguien. Seguramente les dolió saber que yo podría estar mal. Les causó angustia no poder saber exactamente cómo me había afectado.

Por eso les puedo decir con seguridad de que este no es el camino. No sirve intentar que les entiendan si al mismo tiempo eso les hace sufrir. Y también es cierto que, en parte, yo también sufrí, ya que sentí repentinamente todo lo que nunca había sentido. Y sé que responder a un sufrimiento con más sufrimiento nunca es la respuesta correcta.

Por eso quiero ayudarles a encontrar esa respuesta correcta. Un mejor camino para seguir. Uno sin peligros innecesarios.

En la primera página de este cuaderno, encontré dos poesías, escritas con letras diferentes, lo que me hizo creer que cada uno de ustedes escribió una. —¿Serán poetas?— pensé. Y fue ahí que me surgió una idea grandiosa.

La poesía tiene un poder único: llega directamente al corazón. Las palabras a veces solo se detienen en el cerebro, o entran por un oído y salen por el otro. Pero la poesía no. Ella sigue su camino, entra en cada rincón, abre el corazón y se instala allí adentro.

Les propongo algo diferente, que usen todo su conocimiento personal, lo que sienten, lo que tienen guardado ahora, lo que han callado por años, y lo transformen en un grito, un grito autista, que se escuche tan fuerte como para rodear el planeta.

Un libro de poesías, podría no llegar a todos, pero donde sea que sí logre llegar, será mucho más fuerte que cualquier química, cualquier droga.

¡Cuenten conmigo para lo que sea! Me esforzaré por hacer sonar más fuerte este grito.

Y si algún día me olvido de este día con autismo, ¡por favor háganme recordarlo!

Un abrazo grande,

su amiga desde ahora

Magdalena

Matilda miró a Isaac y sus ojos brillaban. ¡Los dos se sentían tan felices! Era la solución más linda que pudiera existir.

¡Poesía! Definitivamente este era su idioma.

¡Estaban ansiosos por empezar!

—Te amo —dijo Isaac repentinamente.

—Siempre lo supe —dijo Matilda, repitiendo lo mismo, pero sin palabras.

Y se tomaron las manos, para nunca más desatarlas.

Y ya no era un final, era solo el comienzo.

Epílogo

Por Antonio Martín

Recuerdo cuando leí el libro "Un día con autismo" y al concluir su lectura le comenté a su autora, Julieta Ax... <<Podría llenar cientos de hojas escritas elogiando tu escrito. Pero únicamente una sola frase definiría lo que he sentido al leer este libro... Obra maestra, imprescindible en todas las escuelas>> Y ahora, me veo imbuido haciendo el epílogo de esta narración que ustedes, queridos lectores, acaban de leer.

Dentro de la loable sencillez narrativa que caracteriza a Julieta Ax nos hallaremos con unos hechos que nos harán reflexionar.

Una de las lacras que está sacudiendo nuestra sociedad es el bullying. Si a ello sumamos que la sufren los dos protagonistas principales de la obra, con la agravante de tener autismo, hace que esta plaga moderna de acoso escolar, con maltrato físico, psicológico o verbal, se convierta en otra de mayor dificultad, dada las características de los niños con TEA (Trastorno del Espectro Autista).

Todos los estudios realizados sobre este tema dan por cierto que los niños con TEA han sido y son acosados en mayor porcentaje, pero esto en muchos centros escolares no se le da la importancia debida, o, se niega e ignora.

En los centros escolares existen los llamados protocolos anti bullying, pero estos protocolos son específicos para los estudiantes sin este trastorno, lo que en la práctica crea un bucle de ignorancia para ayudar, desde la docencia, a los escolares con TEA.

Adolecemos en los colegios de información tanto verbal como escrita de esta disfunción neurológica crónica, y máxime, teniendo en cuenta que ninguna persona con TEA es igual a otra en sus características, cada niño autista es un mundo diferente dentro de su mundo azul.

En el libro "Un día con autismo" los dos menores autistas se proponen una fórmula química con la cual provocar autismo, por un día, en aquellos malos compañeros que los acosan por sus diferencias. A partir de aquí se sucede toda la trama de la magnífica obra de Julieta Ax.

Miro desde una óptica poética el deseo de Matilda e Isaac como una metáfora, ya que ellos no quieren dañar a nadie, únicamente desean ser reconocidos como son en sus diferencias. Para esto, llevándolo a la práctica, la mejor "fórmula química" es hacer entender a los compañeros de colegio que en las diferencias somos todos iguales y es la diferencia en donde toda la administración educativa ha de poner mayor énfasis para EDUCAR EN LA DIFERENCIA. "Cuando los jóvenes entiendan las diferencias de un alumno con TEA, es menos probable que lo conviertan en un blanco de acoso por el mero hecho de ser diferente, y más probable que acepten sus peculiaridades".

Pero en este estado de cosas que nos ha tocado vivir será arduo el camino. Hemos de sembrar las semillas de la solidaridad, comprensión, educación y veremos cómo germinarán en los corazones la llamada del amor al prójimo.

Un ejemplo magnífico es esta obra que han leído de Julieta Ax. Reiterando mi afirmación primera... "Debiera estar en todas las aulas y ser lectura obligatoria en educación a la vida".

Agradecimientos

Este libro lo publiqué primero en Wattpad, así que agradezco a todos los que lo leyeron allí y dejaron sus bellos comentarios.

También agradezco a mi esposo por siempre tratar de entenderme, ayudarme y aceptarme como soy.

Mil gracias a todos mis amigos autistas, por estar siempre conmigo, cuando necesito viajar un rato a mi planeta.

Sobre la autora

Julieta Ax es el seudónimo de Vania C. Machado, que nació en 1982 en una pequeña ciudad ubicada en el centro de Brasil. De pequeña le gustaba escribir poesía y cuentos, pero recién a los 14 años tomó el gusto por la lectura. La culpa no la tuvo ningún poeta, sino la increíble escritora Agatha Christie.

En 2003 ella se casó con un chileno e inmediatamente se enamoró del idioma español, por eso casi todos sus escritos están en este idioma. En este momento su ciudad de residencia es La Serena, Chile.

A los 31 años recibió el diagnóstico de autismo y en 2018 autopublicó sus primeros libros en Amazon. Obsesionada con la escritura, ya tiene muchas obras publicadas en la plataforma Wattpad y en Amazon. Aunque lo que más escribe es la poesía, le encanta escribir libros sobre el autismo, microcuentos, e historias de amor y de ciencia ficción.

Es maestra de profesión, pero lo que más le gusta es el arte en todas sus formas. La música, el mar y los viajes son sus intereses favoritos y por eso siempre están presentes en lo que escribe.

En redes sociales:

@autismo.ax y @ax.julieta en **Instagram**

Julieta Ax en **Facebook**

@AxJulieta en **Wattpad**

Otros libros disponibles en Amazon:

Grito autista

Adultos con autismo: La realidad

Perpetua obsesión

No me mires a los ojos, ¡mírame el alma! 20 cartas para mamá

Autismo: Consejos en primera persona

¡Cuentéame! El niño preguntón

Made in the USA
Coppell, TX
08 September 2023